LE HANNETON

dit par

COQUELIN CADET

de la Comédie-Française

PAUL BILHAUD

LE

HANNETON

dit par

COQUELIN CADET

de la Comédie-Française

CINQUIÈME ÉDITION

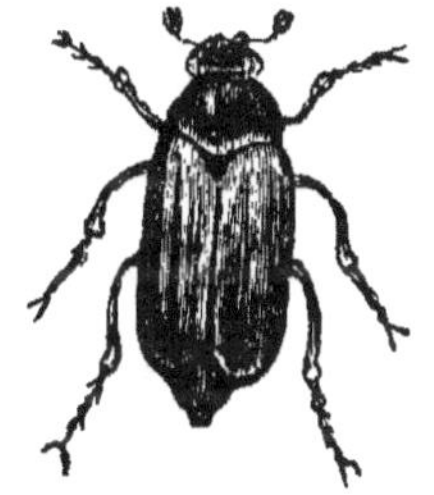

Prix : UN FRANC

PARIS

BARBRÉ, ÉDITEUR

12, Boulevard St-Martin, 12

MDCCCLXXIX

LE HANNETON

A mon ami Léon MASSART

Par trente degrés centigrade
Au dessus de zéro, peut-on
Supposer qu'on ait la toquade,
L'aplomb de donner un bal ? — Non.

Réunir dans son domicile
Deux cents danseurs, en plein été,
C'est, ni plus ni moins, une tuile,
N'est-ce pas ? pour chaque invité.

Eh bien, moi, la saison passée,
J'ai reçu cette tuile en plein.
Quel bal ! Rien qu'à cette pensée
Je crois encore sortir d'un bain.

Ça se passait chez la baronne
De ... — d'ailleurs qu'importe le nom ? —
Elle est si gentille et si bonne
Que je n'avais pu dire non.

On fit ouvrir chaque fenêtre
Pour jouir de l'air frais du soir ;
Ça donnait même un ton champêtre
Au bal très-agréable à voir.

Et puis, au dessus de nos têtes,
Par moments on voyait passer
De charmantes petites bêtes,
Qui venaient pour nous voir danser;

Des papillons de nuit; des mouches,
Grises, vertes, de tous les tons;
Des chauve-souris, pas farouches;
Voire même des hannetons

Qui faisaient fort triste figure;
De la lumière ils s'effrayaient
Et se cachaient dans la coiffure
Des demoiselles... qui criaient!...

Et chacun éclatait de rire!
C'était très drôle, et, pour un bal
Original, on peut le dire,
C'était un bal original. —

J'invitais la belle maîtresse
De l'endroit pour une polka,
Et j'obtenais une promesse
Pour la troisième mazurka,

Lorsque je sentis, chose étrange,
Au mollet un chatouillement. —
On se gratte quand ça démange,
N'est-ce pas, généralement? —

Je me grattai... surprise extrême ;
Cela me démangeait plus haut.
Je recommençai donc de même
A regratter l'endroit qu'il faut.

Mais soudain je devins tout rouge :
« Hein ! Ah ça, qu'est-ce que j'ai là ?...
» Ah mon Dieu, voilà que ça bouge...
» Ça se promène... horreur ! voilà

» Que ça grimpe !... » — On comprend la chose :
J'avais parlé de hanneton, —
Nul n'en est exempt, je suppose ;
Tout ça dépend de la saison —

Et le mien avait cru bien faire
En choisissant, dans ce salon,
Pour se cacher de la lumière,
La jambe de mon pantalon.

Imprudent insecte ! — On devine
Que je n'hésitai pas longtemps ;
J'entrai dans la pièce voisine
Pour chasser ce fils du printemps.

Ce fut une lutte effroyable !
C'était un vaillant hanneton ;
Il se cramponnait comme un diable,
Et malgré tout il tenait bon.

« Misérable coléoptère !
— M'écriai-je enfin, irrité,
« L'un des deux doit rester à terre !.... »
Hélas ! ce fut moi qui restai ;

Et dans quel état déplorable ! —
Pour en avoir plus tôt fini,
J'ôtai mon... mon... indispensable
D'où me harcelait l'ennemi,

Et, me penchant par la fenêtre,
Je secouai, disant en moi :
« Il faudra qu'il parte, le traître,
» Ou qu'alors il dise pourquoi. »

J'y mis une sorte de rage :
« Morbleu ! ce ne sera pas long ! »
Et je secouai davantage......
Et je lâchai mon pantalon !

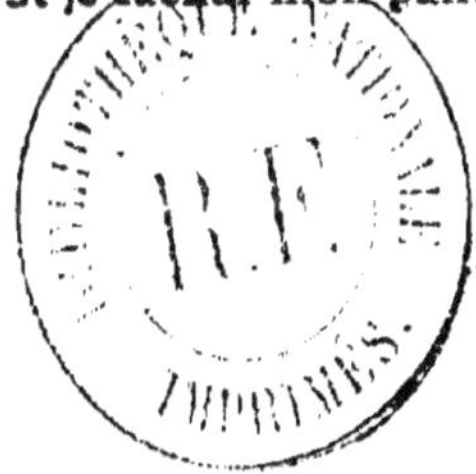

Quelle position critique !
Avec ça, pas de caleçon... —
C'était, du reste, assez logique,
Vu la chaleur de la saison (1). —

« C'est mon hanneton qui se venge, »
— Me disais-je, tout interdit. —
Je n'avais, pour donner le change,
Que les deux pans de mon habit.

— C'était un peu court. — Dans mon âme
Pour sortir de là je cherchais
Quelque moyen, lorsqu'une dame
Entra dans la pièce où j'étais !...

Je sentis redoubler mes transes ;
Ça me fit froid dans tout le dos,
Et, pour sauver les apparences,
Je m'enroulai dans les rideaux.

« Elle va s'en aller peut-être. »
Je me trompais étrangement ;
Elle venait vers la fenêtre,
Pour prendre l'air probablement.

Alors, éperdu, je lui crie,
Sortant la tête tout d'un coup :
« N'avancez pas, je vous en prie,
» Madame !... il fait un froid de loup ! »

Ce que je souffrais, c'est horrible ! —
Pour sauver la position,
Il n'était qu'un moyen possible :
Je fis la conversation !

(1) Cette strophe peut être supprimée à l'audition.

« — Charmant, le bal de la baronne...
» Un peu chaud, mais à part cela...
» Seriez-vous, Madame, assez bonne
» Pour... m'accorder une polka ?... »

Et je pensais dans ma détresse :
« Pourvu qu'elle n'accepte pas ! »
Je faillis tomber en faiblesse
Quand elle répondit, hélas :

« — Une polka ?... pour la première. »
Juste, on la jouait au salon !
Comment sortir de là ? que faire ?
Ah ! misérable hanneton !

Saint Luc, mon patron, te confonde !
« — J'ai... promis cette polka-ci.
» — Eh bien, ce sera la seconde...
» — Non... oui... non... j'ai promis aussi.

» — C'est un malheur bien réparable,
» Dit-elle ; on peut se retrouver;
» Mais seriez vous assez aimable
» De m'offrir le bras pour rentrer ?»

Offrir mon bras ! quel coup funeste !
Fut-il jamais un pareil cas ?
Le bras, passe... mais c'est le reste
Qui m'empêchait d'offrir le bras (1).

Il fallait en sortir, en somme,
Il peut venir encor quelqu'un :
« Suis-je ou ne suis-je pas un homme ?
— M'écriai-je ! Si, j'en suis un !

---

(1) Les strophes qui suivent, jusqu'à celle commençant par : *Enfin pour terminer la chose...* peuvent être remplacées par une variante qu'on trouvera à la fin de la brochure.

« Ou, du moins, j'ai toujours cru l'être. »
Alors brusquement, tout d'un coup,
Je m'élance de la fenêtre
Et prends ma course comme un fou.

Aux yeux éperdus de la dame.
Je passe, hagard et toqué,
En agitant mon oriflamme !... —
Elle tomba sur le parquet.

L'émotion était trop forte,
Mais cela m'était bien égal.
J'enfile la première porte......
Horreur !... Je rentre dans le bal !...

Ah ! épouvantable cohue !
Indescriptible bacchanal !
Chacun me pourchasse et me hue.
Un vrai tableau de carnaval !

Je dégringole quatre à quatre
L'escalier ; je crie, affolé :
« Le cordon ! » Et je vais m'abattre
Dans un sapin ! — J'étais sauvé ! —

Au cocher j'offre ma fortune,
N'ayant pas trente sous ; ma foi,
J'aurais offert... même la lune !
Tout ce qui me restait sur moi.

Enfin, pour terminer la chose,
Un conseil, en intimité :
Si jamais quelqu'un vous propose
D'aller au bal, en plein été,

Eh bien, ne vous laissez pas faire,
Refusez net, de parti pris ;
Pensez à mon coléoptère
Qui, sans doute, a fait des petits.

VARIANTE

—

. . . .

Le bras, passe! mais c'est le reste
Qui m'empêchait d'offrir le bras.

« — Madame, je vais tout vous dire...
» J'aime !... Et j'attends quelqu'un ici,
» Un être pour qui je soupire.
» Alors... vous comprenez... merci... »

« — Ah ! n'en dites pas davantage,
» Je m'en vais, sans vous déranger. »
Il était temps ! J'étais en nage
Malgré mon costume léger.

J'imaginais quelque rubrique
Pour sortir de tous ces tourments,
Lorsqu'un infâme domestique,
Avec des rafraîchissements,

Vint renouveler mon martyre.
Il me présenta son plateau
Et me dit : « Si Monsieur désire
« Se rafraîchir un peu ? » — Bourreau !

Et, de plus, il faisait l'aimable. —
Je lui répondis : « — Non, merci.
« La chaleur est très-supportable,
« Je prends assez le frais ainsi. »

Et comme il restait immobile :
» — Je ne veux rien, c'est assez clair ;
« N'insistez pas, c'est inutile. »
Et je sentais le courant d'air,

Pendant ce temps, qui de la porte
M'arrivait sur le dos en plein ;
Et cela valait bien n'importe
Quel rafraichissement. Enfin

Mon gêneur me laissa tranquille.
Pendant qu'il sortait gravement,
J'enviais à cet imbécile
Sa culotte courte... oui, vraiment;

Et voyez à combien, en somme,
Tient peu d'être méchant ou bon :
J'aurais assassiné cet homme....
Pour sa moitié de pantalon !

Mon canif était dans ma poche,
Ma poche dans mon pantalon,
Et mon pantalon... pas très-proche.
Voilà comment je restai bon.

Pendant toutes ces aventures
Mon tour de danse était venu,
Et l'on comprend quelles tortures
Je souffrais d'être retenu.

« Que pense de moi la baronne ? »
Me disais-je. Au même moment,
Je vis encore une personne
Entrer... Oui... Mais heureusemen

C'était un compagnon d'enfance,
Un bon ami. Je m'écriai,
En le voyant : « Oh, quelle chance !
« C'est le salut ! » Je l'appelai,

Et lui dis, sans nul artifice :
« Ferme la porte du salon,
» Et rends moi l'immense service
» De me prêter ton pantalon ! »

Il resta stupide, et, sans doute,
Il crut que je devenais fou,
Mais je lui dis : « Mon cher, écoute. »
Et là, je lui racontai tout.

Il hésitait à satisfaire
Ma demande, — ça se comprend, —
Mais j'ajoutai : « Je ne veux faire
« Qu'un tour de danse seulement,

» Et je reviens ; tiens, prends ma place.
» Oh! je suis ton ami, moi, va! »
Il fit bien un peu la grimace,
Mais enfin... il s'exécuta. —

J'entrai chez lui. — Je dois le dire,
Le sien me serrait de partout,
Mais qu'était-ce auprès du martyre
De ne pas en avoir du tout ?

  mis une main dans.... sa poche,
Et puis, au salon je rentrai.
La baronne avec un reproche
M'accueillit, mais je me gardai

De lui conter mon aventure.
Nous dansâmes. Après cela,
O faiblesse de la nature !
J'oubliai qu'on m'attendait là.

Et j'eus encore l'impudence
D'accepter une valse après,
Disant pourtant pendant la danse :
« Ce pauvre ami qui prend le frais !»

Il le prenait, je vous le jure.
A chaque instant, je l'entendais
Eternuer quand, d'aventure,
Devant les rideaux je passais.

J'entendais sa voix lamentable
Dire : « Rends-moi mon pantalon ! »
Je me traitais de misérable !...
Mais je restais dans le salon.

Je savais trop quel sort funeste
M'attendait, si j'eusse faibli ;
Je me disais : « J'y suis ! Qu'il peste,
« S'il veut; ma foi, tant pis pour lui ! »

Mais c'était trop être égoïste ;
Enfin, au bout d'une heure ou deux,
Je me décidai, d'un air triste,
A délivrer le malheureux.

Je revins donc vers la fenêtre,
J'entrouvris les rideaux... plus rien !
« Ah ! — m'écriai-je, — où peut-il être? »
Hélas ! voulant ravoir le mien,

Il avait pris la même route.
Oui! le lendemain je l'appris.
Il doit bien m'en vouloir, sans doute.
Je ne l'ai pas revu depuis. —

Enfin, pour terminer la chose,
Un conseil... etc... etc... —

Paris. Typ. Vᵉ JULES-JUTEAU et fils, pass. du Caire, 29-31